Ich heiße Anne

Spaß am Lesen Verlag
www.einfachebuecher.de

Diese Ausgabe ist eine Bearbeitung des Buches *Das Hinterhaus* von Anne Frank.

Mit Dank an die „Anne Frank Stichting" Amsterdam.

anne frank
stichting

Niederländische Fassung in Einfacher Sprache: Marian Hoefnagel
Deutsche Übersetzung: Bettina Stoll

Fotos: Sammlung Anne Frank Stichting, Amsterdam.
© Anne Frank Stichting/Force Field XR (S. 32, 33, 41, 46, 47, 59, 65, 74, 77, 87)
© Anne Frank Stichting/Vizualism.nl (S. 36–37)
Illustrationen: © 2017 Anne Frank Stichting/Huck Scarry
Umschlagabbildung: 2017 Anne Frank Stichting/Huck Scarry

ISBN 978-3-948856-52-6

Ich heiße Anne

Tagebuch-Briefe von Anne Frank

In Einfacher Sprache

Bearbeitet von Marian Hoefnagel

Schwierige Wörter oder Ausdrücke sind unterstrichen. Die Erklärungen stehen in der Wörterliste am Ende des Buches.

Inhalt

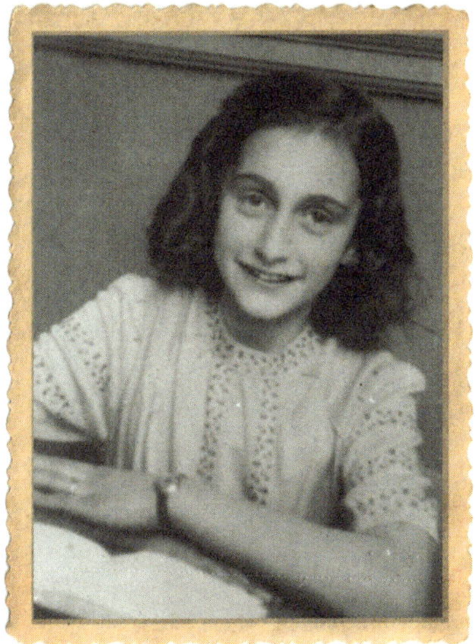

Anne Frank

Vorwort

Anne Frank schrieb
von 1942 bis 1944 Tagebuch.
Sie schrieb über alles Mögliche.
Über ihre Familie, über Freunde
und Freundinnen.
Und über ihre Verehrer.

Sie erzählte, was sie erlebte.
Und was sie in ihrer Freizeit machte.
Sie beschrieb, was sie für andere empfand.
Für ihre Eltern und ihre Schwester.
Sie schrieb über die Bücher, die sie las.
Und über die Filmstars, die ihr gefielen.
Über die Jungs, in die sie sich verliebte.
Alles ganz normale Dinge
für ein junges Mädchen.

Trotzdem ist Annes Tagebuch
kein normales Tagebuch.
Das hat zwei Gründe:

1 Anne war im Zweiten Weltkrieg untergetaucht. Sie versteckte sich in einem Haus in Amsterdam. Zwei Jahre lang konnte sie nicht nach draußen. Zwei Jahre lang spürte sie keinen Regen und keinen Wind. Und auch nicht die Sonne im Gesicht.
2 Anne konnte sehr gut erzählen.

Wir finden:
Jeder sollte Annes Tagebuch lesen können.
Jung und Alt.
Damit man versteht, wie schlimm es ist,
nicht frei zu sein.

Deshalb wurde dieses Buch geschrieben:
Ich heiße Anne.

Es ist einfach geschrieben.
Einfacher, als Anne geschrieben hat.
Und es ist nicht so dick
wie das echte Tagebuch.
Aber trotzdem wird deutlich,
wie Anne gelebt hat.
Wie das Leben als jüdisches Mädchen
im Zweiten Weltkrieg war.

Ich heiße Anne

Ich heiße Anne. Anne Frank.
Ich bin gerade 13 Jahre alt geworden,
und ich habe viele Geschenke bekommen:
Bücher, Blumen, Schmuck, ein Spiel.
Wirklich eine ganze Menge.
Aber das schönste Geschenk
war dieses Tagebuch.
Es ist ein dickes Buch mit einem Schloss.

Ich werde viel in mein Tagebuch schreiben.
Dinge, die ich niemandem erzählen kann.
Dinge, die niemand lesen darf.
Ich bin so froh, dass das Buch
ein Schloss hat!

Mein Tagebuch wird meine beste Freundin.
Denn die habe ich nicht.
Diese Freundin nenne ich Kitty.
Ich werde viele Briefe an Kitty schreiben.

Oh, ich kann es nicht abwarten,
damit anzufangen.
Ich will so gerne schreiben!

Morgen fange ich an.
Dann schreibe ich
meinen ersten Brief an Kitty.
Hallo, Tagebuch, ich finde dich so toll!

Liebe Kitty,

ich will dir ganz viel erzählen.
Über meine Schule und meine Freundinnen.
Und über alle Jungs, die mir hinterherlaufen.

Über meinen Vater.
Er heißt Otto, aber ich nenne ihn Pim.
Und ich hab ihn sehr lieb.
Über meine Mutter Edith.
Ich hab sie auch lieb.
Aber nicht so sehr wie meinen Vater.

Über meine Schwester Margot. Sie ist 16.
Sie ist lieb, hübsch und gut in der Schule.
Ein perfektes Mädchen.

Die Familie Frank.
Von links nach rechts:
Margot, Otto, Anne, Edith

Ich bin nicht perfekt. Überhaupt nicht.
Aber davon erzähle ich später mehr.

Erst muss ich etwas
über meine Familie erzählen.
Also über die Familie Frank.

Wir kommen aus Deutschland, aus Frankfurt.
Mein Vater arbeitete dort bei einer Bank.

Die Bank gehörte der Familie.
Es war keine große Bank.
Aber trotzdem wurde unsere Familie reich.
Bis es eine Krise gab.

Auf einmal lief die Bank schlecht.
Wie viele andere Banken in Deutschland.
Auch in den Geschäften und Fabriken
lief es schlecht.
Überall war Krise.
Viele Menschen verloren ihre Arbeit.

Aber es gab noch ein größeres Problem:
1933 kam in Deutschland
ein neuer Führer an die Macht.
Er heißt Adolf Hitler.
Und er hasst Juden.
Dabei ist das doch nur eine Religion.
Aber für Hitler sind Juden
schlechtere Menschen.
Er gibt den Juden die Schuld für die Krise.
Und er macht den Juden das Leben schwer.

Auf einmal gibt es Gesetze gegen Juden.
Juden dürfen nicht mehr Beamte sein.
Oder Lehrer.
In der Schule müssen jüdische Kinder
in eine andere Klasse, nur für Juden.

Das ist längst nicht alles.
Es gibt noch viel mehr Gesetze gegen Juden.
Und es wird immer schlimmer,
seit Hitler an der Macht ist.

Mit der Zeit bekamen meine Eltern Angst.
Weil wir jüdisch sind,
wurde auch für uns alles immer schwieriger.
Mein Vater wollte in die Niederlande ziehen.
Denn dort gab es keine Gesetze
gegen Juden.

In den Niederlanden waren die Juden
gleich wie alle anderen Menschen.
Also zogen wir nach Amsterdam.
Mein Vater, meine Mutter, Margot und ich.

Ich zog als Letzte um.
Ich war ja noch so klein.
Ich blieb noch eine Weile
bei meiner Oma.
An Margots Geburtstag kam ich
in den Niederlanden an.
Ich war vier Jahre alt.
Sie setzten mich auf den Tisch.
„Das ist dein Geschenk, Margot",
meinte mein Vater.

Das war das Schönste an diesem Tag.
Wir waren wieder zusammen.
In einem freien Land.

Liebe Kitty,

ich hab dir schon erzählt,
dass ich ganz anders bin als Margot.
Margot ist ruhig. Ich nicht.
Margot passt gut auf in der Schule.
Ich rede und lache gerne mit Freundinnen.
Das war schon in der Grundschule so.
Und jetzt ist es immer noch so.

Mein Mathe-Lehrer ist schon
ein paar Mal wütend geworden.
Weil ich ständig im Unterricht rede.
Ich musste zur Strafe einen Aufsatz schreiben:
Über jemanden, der ständig redet,
über eine „Klatschbase“.

Margot Frank

Und in der nächsten Stunde musste ich
einen zweiten Aufsatz schreiben:
Über „eine schreckliche Klatschbase“.
Denn ich hatte wieder zu viel „geklatscht“.

Ich habe nichts dagegen,
Aufsätze zu schreiben.
Ich schrieb die beiden Aufsätze
und war in den nächsten zwei Stunden ruhig.

Aber in der dritten Stunde
rief der Mathe-Lehrer: „Anne Frank,
du darfst wieder einen Aufsatz schreiben.
Der Aufsatz heißt: Quak, quak, quak,
sagte Fräulein Schnattermaul."
Die ganze Klasse musste lachen.

Mit meiner Freundin Sanne habe ich dann
ein Gedicht geschrieben.
Über eine Mutter-Ente
und einen Vater-Schwan
mit drei kleinen Entchen.
Die kleinen Entchen schnattern zu viel.
Und der Vater beißt sie tot.
Dem Mathe-Lehrer gefiel das Gedicht.
Er las es in der Klasse vor.
Und auch noch in ein paar anderen Klassen!

Liebe Kitty,

heute schreibe ich weiter
über meine Familie.
Und wie wir in Amsterdam
zurechtkommen.
Im Mai 1940 überfielen die Deutschen
die Niederlande.
Das war vor zwei Jahren.
Wir hatten nicht damit gerechnet.
Aber nun ist es trotzdem so gekommen.

Wir sind aus Deutschland geflüchtet,
weil Hitlers Leute uns
das Leben schwermachten.
Und jetzt: deutsche Soldaten auch hier.

Wir fanden das natürlich schrecklich.
Aber am Anfang merkten wir davon
nicht so viel.
Das Leben ging einfach weiter.
Mein Vater hatte eine eigene Firma.
Meine Mutter war Hausfrau.
Ich ging zur Schule und spielte
mit meinen Freundinnen
aus der Nachbarschaft.

Viele von ihnen kommen auch
aus Deutschland.
Und viele sind auch jüdisch, wie ich.
Wie meine ganze Familie.
Sie haben alle Angst vor Hitler.
Deshalb haben sie Deutschland verlassen,
genau wie wir.
Wir reden jetzt Niederländisch miteinander.

Die Gesetze gegen Juden
gelten jetzt auch hier.
Das hat vieles verändert.

Vieles war für uns auf einmal verboten.
Wir mussten unsere Fahrräder abgeben.
Wir dürfen nicht mehr
mit der Straßenbahn fahren.
Wir dürfen nicht mehr ins Kino.
Wir dürfen nach acht Uhr abends
nicht mehr nach draußen.
Wir dürfen nicht mehr ins Schwimmbad.
Wir dürfen nicht mehr Schlittschuh laufen.
Jüdische Kinder dürfen nur noch
in jüdische Schulen gehen.
Und wir mussten einen gelben Stern
auf unsere Kleider nähen.
Darauf steht das Wort „Jude".

Am schlimmsten finde ich, dass ich
nicht mehr Schlittschuh laufen darf.
Gerade habe ich neue Schlittschuhe
bekommen.
Und jetzt kann ich sie nicht anziehen.

Liebe Kitty,

vor Kurzem schrieb ich noch
über meine Verehrer.
Es gibt eine Menge Jungs, denen ich gefalle.
Ein paar sind sogar verliebt in mich.
Ich fand das alles ziemlich spannend.
Aber jetzt denke ich an ganz andere Dinge.

Margot hat einen Brief bekommen.
Sie muss sich melden
und soll in Deutschland arbeiten.
Margot ist 16! So junge Mädchen sollen
alleine nach Deutschland?
Unsere Eltern wollen nicht,
dass Margot geht.

Sie glauben nicht, dass es um Arbeit geht.
Deshalb werden wir untertauchen.
Sonst bekommen wir alle so einen Brief.
Und dann muss die ganze Familie
zurück nach Deutschland.

Margot und ich haben schon
unsere Schulranzen gepackt.
Mein Tagebuch habe ich zuerst eingepackt.
Danach Schulbücher, alte Briefe,
Taschentücher, Lockenwickler
und einen Kamm.
Ich habe die seltsamsten Sachen
eingepackt.

Wir können nicht mit Koffern auf die Straße.
Denn überall sind deutsche Soldaten.
Die sehen sofort, dass wir Juden sind.
Wegen dem gelben Stern.
Wenn sie die Koffer sehen, wissen sie,
dass wir weg wollen.
Und dann werden wir verhaftet.

Miep Gies

Deshalb helfen uns Miep und Jan Gies.
Miep arbeitet für meinen Vater.
Miep und Jan sind beide nicht jüdisch.

Sie haben Kleider und Schuhe von uns mitgenommen.
Die bringen sie heute Abend
zu unserer neuen Adresse.
Morgen werden wir uns dort verstecken.

Also ist das die letzte Nacht
in meinem eigenen Bett.
Morgen muss ich mich
von meiner Katze Moortje verabschieden.
Wir haben die Nachbarn gebeten,
für Moortje zu sorgen.

Meine Mutter lässt einen Zettel
auf dem Schreibtisch zu Hause liegen.
Darauf steht eine Adresse in Maastricht.
Wir hoffen, dass man den Zettel
später dort findet.
Und dass man denkt, dass wir von dort aus
zu Verwandten ins Ausland gegangen sind.
Denn niemand darf wissen,
dass wir untertauchen.

Liebe Kitty,

wir sind in unserem Versteck angekommen.
Es ist mitten in Amsterdam,
an der Prinsengracht.
In diesem Haus ist auch
die Firma von meinem Vater.
Der hintere Teil vom Gebäude wird
nicht benutzt.
Dort im Hinterhaus sollen wir
ab jetzt wohnen.

Aber die Wohnung ist noch nicht ganz fertig.
Überall stehen Kartons herum.
Und die Betten sind noch nicht gemacht.
Meine Eltern wollten am 16. Juli einziehen.

Aber wir mussten uns
zehn Tage früher verstecken.
Wegen diesem Brief an Margot.

Ich war froh, als ich meine Kleider
ausziehen konnte.
Ich hatte nämlich viele Schichten
übereinander an: zwei Unterhemden,
drei Unterhosen, ein Kleid, einen Rock,
eine Jacke, einen Sommermantel und
zwei Paar Strümpfe. Dazu noch
feste Schuhe, eine Mütze und einen Schal.
Als ob wir in einem Kühlschrank übernachten.
Und das mitten im Sommer!

Aber so konnten wir mehr Kleidung
in unser Versteck mitnehmen.
Denn wir können nicht mal schnell
nach Hause, um etwas zu holen.

Ich wollte im Hinterhaus gleich aufräumen,
zusammen mit meinem Vater.

Aber erst mussten wir Vorhänge nähen.
Damit die Nachbarn nicht
durch die Fenster hereinsehen können.
Wir nähten verschiedene Stofflappen
zusammen.
Mit Reißnägeln steckten wir
die Vorhänge an den Fenstern fest.

Meine Mutter und Margot legten sich
auf die leeren Betten.
Sie fühlten sich elend.
Zu elend, um uns zu helfen.

Liebe Kitty,

heute haben wir geputzt und aufgeräumt.
Erst haben wir die Kartons ausgepackt
und alles in die Schränke verteilt.
Miep hat für uns eingekauft.

Zum ersten Mal haben wir gemeinsam
im neuen Haus gegessen.
Alles im Hinterhaus ist schief.
Und es ist feucht hier.
Aber nirgendwo sonst in Amsterdam gibt es
ein so gemütliches Versteck.

Unsere neue Wohnung ist ziemlich groß.
Unten ist das Zimmer von meinen Eltern.

Und ein kleines Zimmer,
das Margot und ich uns teilen.
Ich habe Fotos von Filmstars
aus Zeitschriften an die Wand geklebt.

Oben ist ein großes Zimmer mit einer Küche.
Dort sollen Herr und Frau van Pels wohnen.
Sie tauchen hier auch unter,
mit ihrem Sohn Peter.
Peter bekommt ein kleines Zimmer
bei der Treppe zum Dachboden.

Es gefällt mir hier gar nicht so schlecht.
Es ist wie Ferien in einem sonderbaren Hotel.

Das Badezimmer im Hinterhaus

▲ *Das Zimmer von Herrn und Frau van Pels war auch das Wohnzimmer für alle.*

▶ *Das Zimmer von Annes Eltern*

Liebe Kitty,

mein Vater hat eine eigene Firma.
Das hab ich schon erzählt.
Die Firma verkauft ein Mittel, mit dem man
Marmelade kochen kann: Opekta.
Das ist auch der Name von der Firma.

Wir wohnen im Hinterhaus von Opekta.
In den Räumen unter uns arbeiten
die Mitarbeiter von meinem Vater.
Sie dürfen nicht wissen,
dass wir über ihnen wohnen.
Deshalb müssen wir tagsüber ganz still sein.
Wir müssen vorsichtig durchs Haus gehen,
weil der Holzboden knarrt.

Otto Frank mit vier von den sechs Helfern

Nicht am Wasserhahn drehen und
die Toilette tagsüber nicht zu oft spülen.

Es gibt nur sechs Menschen in der Firma,
die über uns Bescheid wissen.
Sie wissen, dass wir hier wohnen.
Das sind unsere Helfer: Miep und Jan Gies,
Bep Voskuijl und ihr Vater Johan Voskuijl,
Victor Kugler und Johannes Kleiman.

Zur Mittagszeit haben die Arbeiter Pause.
Dann ist niemand in den Räumen von Opekta.
Unsere Helfer können dann
zu uns ins Hinterhaus kommen.
Oder nach fünf Uhr nachmittags,
wenn die anderen nach Hause gehen.

Prinsengracht 263, Amsterdam

1 *Das Lager*
2 *Das WC vom Lager*
3 *Die Küche vom Büro*
4 *Das WC vom Büro*
5 *Die Tür zu Ottos Büro*
6 *Das Büro von Victor Kugler*
7 *Das Büro von Miep Gies, Johannes Kleiman und Bep Voskuijl*
8 *Lagerraum*
9 *Der Dachboden vom Vorderhaus*
10 *Der Bücherschrank und der Eingang vom Hinterhaus*
11 *Das Zimmer von Otto, Edith und Margot*
12 *Das Zimmer von Anne Frank und Fritz Pfeffer*
13 *Der Waschraum mit WC*
14 *Das Zimmer von Herrn und Frau van Pels*
15 *Das Zimmer von Peter van Pels*
16 *Der Dachboden vom Hinterhaus*

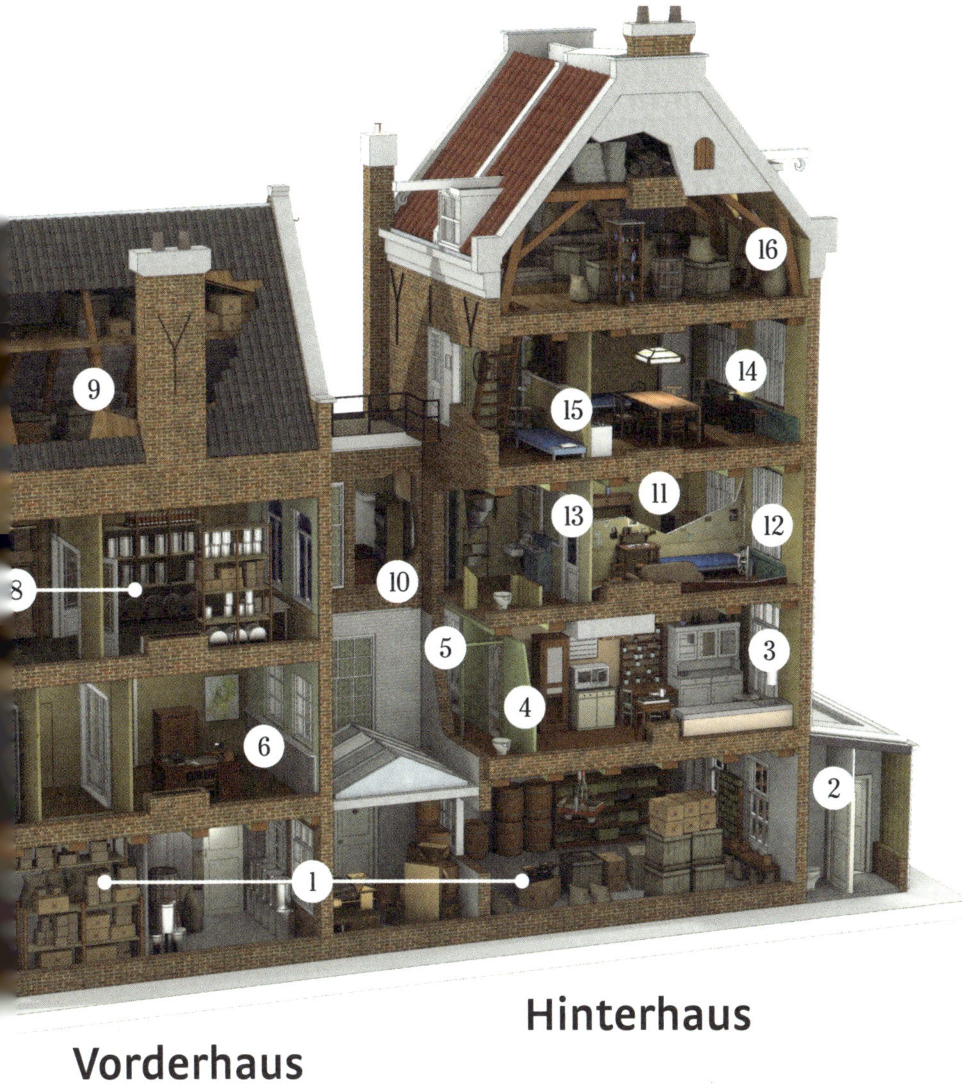

1
2
3
4
5
6
8
9
10
11
12
13
14
15
16
Hinterhaus
Vorderhaus

Unsere Helfer kaufen für uns ein
und erzählen uns, was draußen passiert.
Sie essen auch oft mit uns zu Mittag.

Abends und am Wochenende
haben wir mehr Freiheit.
Natürlich müssen wir auch dann
vorsichtig sein.
Aber wir können nach unten ins Büro.
Dort steht ein Radio.
Wir hören gerne Radio Oranje, aus England.
Radio Oranje sagt uns,
was wirklich in der Welt passiert.
Denn was die Deutschen über den Krieg
erzählen, stimmt nicht.
Sie erzählen nur Gutes über Hitler
und über Deutschland.

Natürlich ist es verboten,
Radio Oranje einzuschalten.
Aber unterzutauchen ist auch verboten.

Liebe Kitty,

ich habe immer Angst, dass man uns entdeckt.
Nachts habe ich auch Angst.
Vor den Flugzeugen und vor den Schüssen.
Ich krieche dann am liebsten
zu meinem Vater ins Bett.
Das klingt kindisch.
Aber der Lärm ist wirklich schlimm.

Meine Eltern und Margot stört noch
ein anderes Geräusch.
Die Kirchenglocken läuten jede Viertelstunde.
Das macht meine Familie nervös.
Aber mir gefällt das Läuten.
Vor allem nachts. Es klingt so vertraut.

Liebe Kitty,

die neuen Mitbewohner sind da.
Peter ist fast 16. Er ist langweilig.
Aber er hat seinen Kater Muschi mitgebracht.
Darüber freue ich mich sehr.
Ich vermisse meine Katze Moortje sehr.
Ich denke ganz oft an sie.
Dann kommen mir die Tränen.

Herr und Frau van Pels erzählen von draußen.
„Alle denken, dass die Familie Frank ins Ausland gegangen ist“, sagt Frau van Pels.

Aber es gibt auch schlechte Nachrichten.
Immer mehr Juden müssen sich melden,

um nach Deutschland zu gehen.
Wenn sie sich nicht melden,
werden sie verhaftet.

Unser Versteck haben wir jetzt
noch besser geschützt.
Herr Voskuijl hat einen Schrank gebaut.
Der Schrank ist drehbar.
Er verdeckt die Tür zum Hinterhaus.
So sieht niemand unser Versteck von außen.
Jetzt fühlen wir uns ein bisschen sicherer.

▲ *Der geheime Eingang vom Hinterhaus*

Liebe Kitty,

Herr und Frau van Pels streiten oft.
Sie schreien sich an. Das ist furchtbar.
Als ich das schrieb, kam Frau van Pels zu mir.
Schnell habe ich das Tagebuch zugeklappt.

„Anne, darf ich mal reinschauen?"
„Nein, Frau van Pels."
„Nur die letzte Seite."
„Nein, Frau van Pels."

Sie streitet sich auch mit meiner Mutter.
Sie findet es nicht gerecht,
dass nur ihre Teller benutzt werden.
Und nicht die Teller von meiner Mutter.

◂ *Herr und Frau van Pels*

Dass alle anderen Dinge von unserer Familie sind, vergisst sie dabei.
Dinge, die auch sie benutzt.

Und sie nörgelt immer an mir herum.
Sie findet, dass ich keine Manieren habe.
Sie findet, dass ich neugierig und frech bin.
Sie findet, dass ich dickköpfig bin.
Sie findet, dass ich dumm und faul bin.
Sie findet, dass ich besser
erzogen werden muss.

Mein Vater sagte kürzlich zu ihr:
„Ich finde, dass Anne sehr gut erzogen ist.
Und dass sie schon viel gelernt hat.
Zum Beispiel, dass sie auf Ihre Bemerkungen nicht antworten soll."

▲ *Edith und Otto, die Eltern von Anne*

Papa ist immer lieb zu mir. Er versteht mich.
Aber mit meiner Mutter gibt es oft Streit.
Sie hat immer etwas an mir auszusetzen.
Mein Vater bat mich, netter zu ihr zu sein.
Und ihr mehr zu helfen,
wenn sie Kopfschmerzen hat.

Aber das kann ich nicht.
Ich hab sie einfach nicht lieb.
Ich hoffe, dass meine Mutter dies nie liest.
Es ist gemein von mir,
so über sie zu schreiben.

Liebe Kitty,

das Leben im Hinterhaus ist langweilig.
Kochen, abwaschen, putzen, aufräumen.
Das machen wir alle gemeinsam.
Margot, Peter und ich lernen
aus unseren Schulbüchern: Französisch,
Englisch, Erdkunde, Mathematik.

Die Küche ist im Zimmer von Herrn und Frau van Pels.

Sonst kommen wir nicht mit,
wenn wir wieder in die Schule gehen.

Außerdem lesen wir viel und hören Radio.
Miep geht jede Woche für uns
zur Bibliothek.
Wir freuen uns jedes Mal
auf die fünf neuen Bücher.
Peter und Margot sind 16.
Sie dürfen alle Bücher lesen.
Ich nicht. Aber ich will auch
Bücher für Erwachsene lesen.

▲ *Manchmal liest Anne heimlich ein Buch für Erwachsene.*

Annes Tagebuch

Manchmal lese ich heimlich ein Buch,
das für mich verboten ist.
Aber am liebsten schreibe ich Tagebuch.
Wenn ich schreibe, bin ich nicht traurig.
Es tut so gut, meine Gedanken
aufzuschreiben.
Sonst würde ich ersticken.

Im Hinterhaus werden oft Brettspiele gespielt.

Liebe Kitty,

es gibt gute Nachrichten!
Die Engländer sind in Afrika gelandet.
Sie haben die Stadt Algier erobert.
Auch Casablanca und Oran gehören jetzt
den Engländern.
Viele Menschen denken,
dass das der Anfang vom Ende ist.

Aber der englische Minister-Präsident
Churchill nennt das „das Ende vom Anfang".
Siehst du den Unterschied?

Liebe Kitty,

Miep hat heute schlechte Neuigkeiten.
Die Deutschen haben viele
jüdische Bekannte mitgenommen.
Sie werden in Zügen
nach Westerbork gebracht.
Dort ist ein großes Lager für Juden.
Es befindet sich im Osten
von den Niederlanden.

Dort ist es fürchterlich.
Die Menschen bekommen zu wenig
zu essen und zu trinken.
Es gibt jeweils nur eine Toilette
für sehr viele Menschen.

Keiner hat einen eigenen Raum.
Alle sind in großen Sälen untergebracht.

Wenn es in den Niederlanden schon
so schlimm ist:
Wie wird es danach?
Dort, weit weg,
wohin alle Juden gebracht werden?

Wir glauben,
dass sie dort ermordet werden.
Im englischen Radio spricht man darüber,
dass die Juden vergast werden.
Vielleicht ist das
die schnellste Art zu sterben.
Ich bin ganz durcheinander.

Liebe Kitty,

ich bin ziemlich beschäftigt.
Wir machen einen Steno-Kurs.
Mama, Margot und ich.
Wir verstehen uns jetzt besser,
und das ist gut.
Steno ist eine Art Geheimschrift.
Mir gefällt es, Steno zu lernen.
Ich bin den anderen voraus.

Und ... wir bekommen
noch einen Mitbewohner.
Wo Platz ist für sieben,
ist auch Platz für acht.
Das sagt Pim, und er hat recht.

▲ *Das Zimmer von Anne Frank und Fritz Pfeffer*

Ich muss mein Zimmer jetzt
mit dem Neuen teilen.
Margot schläft in einem Extrabett
bei den Eltern.

Es gefällt mir nicht,
dass ich mein Zimmer teilen muss.
Aber es dient einem guten Zweck.
Denn es werden immer mehr Juden
aus ihren Häusern geholt.
Wir können also einen Juden mehr retten.

Liebe Kitty,

der neue Mitbewohner heißt Fritz Pfeffer.
Er ist Jude, aber seine Frau nicht.
Sie braucht sich also nicht zu verstecken.
Pfeffer erzählt uns
von der Welt draußen.
Deutsche fahren in
Autos durch die Stadt.
Sie klingeln überall
und fragen, ob dort
Juden wohnen.
Wenn ja, müssen alle mit.
Ich sehe in Gedanken
Reihen von unschuldigen
Menschen auf der Straße.

▲ *Fritz Pfeffer*

Mit weinenden Kindern.
Sie laufen und laufen.
Die Deutschen schlagen sie,
bis sie fast umfallen.

Alle müssen mit:
Alte, Kranke, Schwangere, Babys.
Alle müssen mit auf den Weg in den Tod.

Ich fühle mich schuldig,
weil ich in einem warmen Bett liege.
Meine Freundinnen sind da draußen.
Sie werden geschlagen
oder auf den Boden geworfen.
Nur, weil sie Juden sind!

▲
Es ist November und es wird früh dunkel.
Aber im Hinterhaus darf kein Licht eingeschaltet werden.
Es muss Strom gespart werden.
Anne entdeckt ein neues Hobby: Nachbarn beobachten.
Mit einem Fernglas schaut sie in die Häuser gegenüber.
Eine Familie sitzt am Tisch und isst.
Eine andere Familie spielt Karten.
Ein Zahnarzt ist bei der Arbeit.
Anne schreibt am 28. November 1942 in ihr Tagebuch:
„Ich wusste nicht, dass Nachbarn
so interessante Menschen sein können.“

Liebe Kitty,

ich dachte, dass Pfeffer nett ist.
Aber ich bin ihm auch zu lebhaft und frech.
Er schimpft mit mir.
Er verpetzt mich bei meiner Mutter.
Dann schimpft sie auch noch mit mir.

Und wenn ich Glück habe,
mischt sich Frau van Pels auch ein.
Dann werde ich also dreimal ausgeschimpft.

Es ist für mich hier wirklich nicht einfach.
Abends im Bett denke ich darüber nach.
Und dann muss ich oft laut weinen.
Oder laut lachen.

Aber es gibt auch schöne Dinge zu berichten.
Am 5. Dezember haben wir
zum ersten Mal Sinterklaas gefeiert.

Das ist das niederländische Nikolaus-Fest.
Die Niederländer feiern schon
einen Tag früher.
Es gibt Geschenke, und die Menschen
schreiben Gedichte füreinander.

Miep hat sich das ausgedacht,
zusammen mit Bep und ihrem Vater.
Sie haben einen Korb verziert.
Im Korb war für jeden von uns
ein Geschenk und ein Gedicht.

Liebe Kitty,

wir haben ständig Angst vor Einbrechern.
Wenn sie uns entdecken,
erzählen sie es der Polizei.
Wer Juden verrät,
kann damit Geld verdienen.

Eines Nachts hört Frau van Pels
Geräusche auf dem Dachboden.
Sie hat Angst, dass Peter in Gefahr ist.
Daraufhin weckt sie ihren Mann.
Aber der will nicht nachschauen.

„Diebe werden Peter sicher nicht
mitnehmen", sagt er.

Aber in der Nacht darauf hört sie wieder Lärm. Peter geht mit einer Taschenlampe auf den Dachboden ... und sieht viele große Ratten! Sie fressen unsere Vorräte auf. Das Problem ist schnell gelöst: Muschi darf auf den Dachboden.

Wir haben zwar noch etwas zu essen. Aber es schmeckt nicht. Die Kartoffeln sind alt und schmecken schlecht. Beim Gemüse sieht es noch schlechter aus. Wer dünn werden will, muss ins Hinterhaus kommen!

▲ *Die Vorräte auf dem Dachboden*

Liebe Kitty,

ich bin jetzt vierzehn.
Ich habe viele schöne Geschenke
bekommen.
Jeder hat sich etwas einfallen lassen.
Alle haben mir auch etwas
von ihren letzten Süßigkeiten gegeben.

Pim hat ein sehr schönes Gedicht
für mich geschrieben.
Auf Deutsch.

In dem Gedicht geht es um mich.
Wie schwer es für mich ist,
nicht nach draußen zu dürfen.

Ich hab mich sehr über das Gedicht gefreut.
Und Margot hat es
ins Niederländische übersetzt.
Meine Schwester hat Talent!

Liebe Kitty,

ich halte mir ein Taschentuch
mit Parfüm vor die Nase.
Gleich essen wir Grünkohl.

Unglaublich, wie Grünkohl stinkt,
wenn er ein Jahr alt ist!
Und die Kartoffeln haben
komische Krankheiten.
Wir denken, dass es die Pocken
oder Masern sind.
Vielleicht ist es auch Krebs.

Die Hälfte wird sofort im Ofen verbrannt.
Der Ofen ist fast immer an.

Auch wenn es warm ist.
Denn wir können keinen Abfall wegwerfen.
Denn so viel Müll würde
zu sehr auffallen.
Also verbrennen wir unseren
ganzen Abfall im Ofen.

Liebe Kitty,

manchmal kann ich
auch richtig fröhlich sein.
Zum Beispiel als Peter ein enges Kleid
von meiner Mutter anzog.
Ich hatte einen Anzug von Peter an.
Und eine Mütze.
Alle mussten sehr lachen.

Margot und ich träumen manchmal
von der Zukunft.
Diese Tagträume tun gut.
Margot will Ärztin werden.
Ich will nach London und Paris.
Dort will ich Kunst-Geschichte studieren.

Anne ist 13 Jahre alt, als sie untertauchen muss.
Ein Jahr später sind ihre Kleider und Schuhe zu klein.
Nur noch die Skischuhe passen.
Und die sind unbequem.
Miep Gies versucht, für Anne Schuhe zu kaufen.
Aber das ist schwierig, denn es gibt kaum Schuhe.
Endlich findet Miep ein paar rote Schuhe mit Absatz.
Sie sind sehr teuer.
Anne ist stolz auf die neuen Schuhe.

Am 10. August 1943 schreibt sie in ihr Tagebuch:
„Sie sind besonders schön.
Ich bin damit noch viel größer, als ich sowieso schon bin."

Wir träumen auch manchmal zu acht.
Was machen wir als Erstes,
wenn wir wieder nach draußen dürfen?
Margot will ein heißes Bad.
Genau wie Herr van Pels.
Frau van Pels will Kuchen essen.

Mutter wünscht sich eine Tasse
echten Kaffee.
Peter möchte ins Kino.
Pfeffer will zu seiner Frau.
Vater möchte einen Freund besuchen,
der sehr krank ist.

Und ich?
Ich würde vor lauter Freude nicht wissen,
was ich tun soll.
Mich frei bewegen!
Und endlich wieder zur Schule gehen!

Liebe Kitty,

zwischen Herrn und Frau van Pels gibt es
jetzt richtig schlimmen Streit.
Sie haben kein Geld mehr.
Herr van Pels will die Pelzjacke
von seiner Frau verkaufen.
Für 325 Gulden. Das ist viel Geld.

Die Familie van Pels kann dann wieder
für ihr Essen zahlen.
Aber Frau van Pels will ihre Pelzjacke
nicht hergeben.
Sie stampft mit den Füßen,
schreit und weint.
Aber die Pelzjacke wird trotzdem verkauft.

Ich merke, dass ich immer trauriger werde.
Und ich sehe schlecht aus.
Dünn und bleich.
Mutter gibt mir verschiedene Tabletten.
Aber die helfen nicht.

Mal so richtig lachen,
bis ich Bauchweh bekomme.
Das wäre gut für mich.
Nach draußen gehen.
Frische Luft einatmen.
Radfahren und den Wind
in den Haaren spüren.

Ich fühle mich wie ein Vogel ohne Flügel.
In einem viel zu kleinen Käfig.
Aber ich sage nichts.

Liebe Kitty,

es ist ein Elend, jetzt und hier krank zu sein.
Husten darf man nur leise unter der Decke.
Aber das Husten kann man
nicht unterdrücken.

Ich musste eine Menge über mich
ergehen lassen:
schwitzen,
nasse Tücher auf der Brust,
heiß trinken,
gurgeln,
warme Kissen,
Bettflasche,
Getränke mit Zitrone.

Kann man so überhaupt
gesund werden?

Aber am schlimmsten war Pfeffer.
Er legte seinen Kopf mit dem fettigen Haar
auf meine nackte Brust.
Um zu horchen, wie meine Lunge klingt.
Er ist Zahnarzt.
Er glaubt aber, dass er
über alle Krankheiten Bescheid weiß.

Aber genug geschimpft:
Jetzt geht es mir wieder gut!

Liebe Kitty,

ich möchte so gerne mit jemandem reden.
Mit einem Freund oder einer Freundin.
Ich glaube, dass Peter
dieser Freund sein kann.
Ich war mal in seinem Zimmer.
Aber ich traute mich nicht, lang zu bleiben.

Jetzt kam mir eine Idee.
Peter löst in letzter Zeit
gerne Kreuzwort-Rätsel.
Und ich sagte, dass ich ihm helfen möchte.
Wir saßen uns an seinem Tisch gegenüber.
Er saß auf dem Stuhl, ich auf dem Bett.
Aber Peter ist sehr schüchtern.

Peter van Pels

Wir haben über nichts geredet.
Das ist schade.
Denn wir haben einiges gemeinsam.
Wir sind beide jung und unsicher.
Wir haben beide eine Mutter,
die uns nicht versteht.
Wir wohnen jetzt seit eineinhalb Jahren
in diesem Versteck.
Wir können nichts tun, was man
normalerweise in unserem Alter macht:
in die Schule gehen, ausgehen, Sport
treiben, Mitglied in einem Verein sein.

Liebe Kitty,

es ist etwas Schönes passiert.
Margot, Peter und ich haben
Kartoffeln geschält.
Wir redeten über Moffie.
Das ist die Katze im Vorderhaus.
„Wir wissen nicht, ob es ein Weibchen
oder ein Männchen ist, oder?“, fragte ich.
„Doch“, antwortete Peter.
„Es ist ein Kater.
Du kannst mitgehen und ihn dir ansehen.“
Er sagte es ganz normal, ganz ernst.

Als wir im Vorderhaus waren,
nahm er Moffie auf den Arm.

„Schau mal", sagte er,
„das ist das männliche Geschlechtsteil."
Ich war überrascht, dass er so mit mir redet.
Dass er sich nicht komisch anstellte.
Sondern einfach so darüber sprach.

Jetzt ist es zwischen mir und Peter anders.
Er sieht mich ständig an.
Und manchmal schaue ich ihn dann auch an.
Und das ist ein schönes Gefühl.

▲ *Das Zimmer von Peter*

Liebe Kitty,

ich bin jetzt oft im Zimmer von Peter.
Wir reden über alles Mögliche.
Ich bin nicht wirklich verliebt in ihn.
Aber es ist so schön,
einen Freund zu haben.

Meiner Mutter gefällt es nicht,
dass ich so oft bei Peter bin.
Aber das ist mir egal.

Liebe Kitty,

mein Leben im Hinterhaus
ist jetzt viel besser.
Oft bin ich auf dem Dachboden,
weil Peter dort ist.
Auf dem Dachboden kann man
das Fenster aufmachen.
Dann sieht man den blauen Himmel.
Und die Äste vom Kastanienbaum
im Garten von den Nachbarn.

Ich sehe die Sonne, die Wolken.
Ich atme die frische Luft ein.
Ich kann nicht traurig sein,
solange es die Natur noch gibt.

Ich spüre, dass ich mich in Peter verliebe.
Außerdem beschäftige ich mich viel
mit meiner Filmstar-Sammlung.
Herr Kugler kauft jeden Montag
eine Zeitschrift für mich.
Die Zeitschrift heißt *Kino & Theater*.
Ich lese alles und weiß genau, welche
Filmstars in einem bestimmten Film spielen.
Und was in der Zeitschrift darüber steht.

▲ *Durch das Fenster auf dem Dachboden sieht Anne den Kastanienbaum bei den Nachbarn.*

Ich erzähle alles Bep.
Sie geht oft mit ihrem Freund ins Kino.

Die Erwachsenen fragen ständig,
was Peter und ich zusammen machen.
Und worüber wir reden.
Aber wir sagen natürlich nichts.

Ich will, dass er mir einen Kuss gibt.
Davon träume ich.

▲ *Bep Voskuijl aus der Gruppe der Helfer*

Liebe Kitty,

im Vorderhaus wurde eingebrochen.
Das war nicht das erste Mal.
Aber dieses Mal war es schlimmer als davor.
Wir hörten Geräusche im Lager.
Die Männer vom Hinterhaus gingen
nach unten, um nachzuschauen.

In der Tür zum Lager war ein großes Loch.
Sie sahen, wie die Einbrecher wegrannten.
Aber sie kamen wieder.
Herr van Pels schlug kräftig
mit einem Beil auf den Boden.
„Polizei!“, rief er.
Da rannten die Einbrecher wieder weg.
Aber durch das Loch in der Tür

schien plötzlich Licht herein.
Ein Mann und eine Frau leuchteten
mit einer Taschenlampe ins Haus.

Die Männer gingen ganz leise
wieder nach oben.
Die beiden Spaziergänger werden wohl
die Polizei rufen, sagten sie.
Wir saßen eng beieinander
und zitterten vor Angst.
Bald würde die Polizei da sein.

Etwas später hörten wir wieder
Geräusche und Schritte im Haus.
Im Büro, in der Küche ...
Und dann rüttelte jemand am Drehschrank.
Aber die Schritte entfernten sich wieder.

Wir hatten alle Todesangst.
Und natürlich mussten wir alle
auf die Toilette.
Aber das ging nicht.

Wir mussten ganz still sein.
Die einzige Rettung war der Abfallkorb
von Peter.
Nach einer Weile stank es dort fürchterlich.

▲ *Das WC im Hinterhaus*

Liebe Kitty,

zum Glück ist alles gut ausgegangen.
Jan Gies, der Mann von Miep,
begegnete dem Gemüsehändler.
Jan erzählte von dem Einbruch.

„Ja“, meinte der Gemüsehändler,
„das weiß ich.
Ich war gestern Abend
mit meiner Frau spazieren.
Mit der Taschenlampe habe ich
durch das Loch geschaut.
Aber ich bin nicht zur Polizei gegangen.
Ich weiß von nichts, aber ich habe so
meine Vermutungen.“

Ich hatte solche Angst.
Ich dachte in dieser Nacht,
dass ich sterben muss.
Ich wartete auf die Polizei.
Aber jetzt bin ich gerettet!

Und mein größter Wunsch ist:
Ich will Niederländerin werden!
Ich mag die Niederländer.
Ich liebe unser Land.

Liebe Kitty,

im Radio Oranje berichteten sie
etwas Besonderes.
Nach dem Krieg werden Briefe
und Tagebücher eingesammelt.
Um zu zeigen, was die Menschen
in den Niederlanden im Krieg erlebt haben.

Alle interessieren sich auf einmal
für mich und mein Tagebuch.
Ein Buch über das Hinterhaus:
Die Idee gefällt allen.

Es wird lustig sein,
es zehn Jahre nach dem Krieg zu lesen.

Wie wir Juden hier gelebt, gegessen
und geredet haben.

Ich weiß jetzt, dass ich Journalistin
und Schriftstellerin werden will.
Das will ich unbedingt.

Ich will weiterleben, auch nach meinem Tod.
Ich will berühmt werden.
Nach dem Krieg werde ich
ein Buch herausgeben.
Mit dem Titel: „Das Hinterhaus“.
Dafür kann ich mein Tagebuch benutzen.
Teile daraus kann ich einfach übernehmen.
Andere nicht.
Die sind zu persönlich.

Liebe Kitty,

wir wohnen jetzt seit 21 Monaten
im Hinterhaus.
Die Deutschen haben Ungarn besetzt.
Dort leben noch eine Million Juden.
Die werden jetzt auch alle sterben müssen.

In ganz Europa sind die Lebensmittel knapp.
Gemüse bekommen wir gar nicht mehr.
Wir essen jetzt vor allem
braune Bohnen und Kartoffeln.
Und Knödel aus Mehl.
Sie liegen furchtbar schwer im Magen.
Am meisten freuen wir uns über die Scheibe
Leberwurst, die wir jede Woche bekommen.

Alle beklagen sich und sind unzufrieden.
Ich sitze mit Peter auf dem Dachboden.
Wir sitzen auf einer harten Holzkiste.
Dort sitzen wir eng beieinander
und legen uns den Arm um die Schultern.
Peter hält eine Locke von mir in den Fingern.
Draußen zwitschern die Vögel.
Die kahlen Bäume werden grün.
Der Himmel ist blau.

▲ *Der Dachboden*

Liebe Kitty,

gestern habe ich
meinen ersten Kuss bekommen.
Am 15. April 1944.

Ich bin so glücklich!

Liebe Kitty,

glaubst du, meine Eltern finden das gut?
Dass Peter und ich uns küssen, meine ich.
Er ist 17 ½ und ich fast 15.
Ich glaube nicht, dass sie damit
einverstanden sind.
Aber das ist mir egal.
Es fühlt sich so gut an.
In seinen Armen fühle ich mich sicher.

Margot würde das nie machen.
Sie will sich erst verloben
und dann erst einen Jungen küssen.
Aber Peter und ich denken anders.

Liebe Kitty,

Moffie ist verschwunden.
Wir glauben, dass er im Katzenhimmel ist.
Dass aus Moffie eine Mahlzeit geworden ist.
Und dass ein Mädchen
eine warme Pelzmütze bekommen hat.
Peter ist sehr traurig.

Samstags lassen wir das Frühstück aus.
So sparen wir eine Mahlzeit.
Die Preise draußen sind unglaublich hoch.
Ein Ei kostet 1 Gulden 45,
ein Pfund Kaffee kostet 80 Gulden.
Überall wird eingebrochen,
gestohlen und getötet.

Liebe Kitty,

ich habe mit meinem Vater geredet.
„Papa, wenn Peter und ich zusammen sind,
dann sitzen wir eng beieinander.
Findest du das schlimm?“, fragte ich.

Mein Vater antwortete,
dass er das nicht schlimm findet.
Aber später meinte er,
ich soll Abstand halten.
Ich soll nicht so oft nach oben
zu Peter gehen.

Als ich doch wieder nach oben ging,
schimpfte Pim mit mir.

Jetzt bin ich wirklich wütend.
Ich habe Pim einen Brief geschrieben.
Dass ich ihm das nur erzählt habe,
weil ich nichts heimlich tun wollte.
Dass ich selber weiß,
was gut ist und was nicht.
Dass ich mich seit Jahren ganz allein fühle.
Dass mir niemand hilft.
Dass ich kein kleines Kind mehr bin.

Diesen Brief habe ich meinem Vater
in die Jackentasche gesteckt.

Liebe Kitty,

mein Vater ist sehr traurig
über meinen Brief.

„Ich habe schon viele Briefe
in meinem Leben bekommen“, meinte er.
„Aber das ist der hässlichste.
Wir haben dir als Eltern
so viel Liebe gegeben.
Und du fühlst dich allein?
Nein, Anne, das haben wir nicht verdient.“

Jetzt tut es mir leid mit dem Brief.
Ich muss ein besserer Mensch werden.
Ich war eingebildet und ungerecht.

Ich zweifle jetzt auch an Peter.
Er ist doch anders, als ich dachte.
Ich kann mit ihm doch nicht so gut
über meine Gefühle reden.

Und er hat gesagt, er wäre lieber kein Jude.
Das verletzt mich.
Mir ist es wichtig, Jüdin zu sein.
Wir können nie nur Niederländer sein.
Oder Engländer.
Wir werden darüber hinaus
immer Juden bleiben.
Und das wollen wir auch.

Liebe Kitty,

gestern hörten wir Geräusche
auf dem Dachboden. Muschi!
Er hat neben das Katzenklo gemacht.
Wahrscheinlich fand er das Klo zu dreckig.
Es war schlimm:
Das Pipi lief durch die Decke nach unten.
Und landete in der Tonne
mit den Kartoffeln.
Und auf einem Stapel mit Strümpfen
und Büchern auf dem Tisch.

Ich musste laut lachen.
Peter machte mit Putzmittel
und einem Lappen sauber.

Und Muschi verkroch sich vor Angst
unter dem Tisch.
Herr van Pels redete der Katze gut zu.

Das Pipi von Katzen stinkt fürchterlich.
Wir rochen es noch,
als wir die Kartoffeln aßen.

Liebe Kitty,

es ist D-Day. Das hörten wir am 6. Juni
im englischen Radio.
Endlich: die Invasion!
Englische und amerikanische Soldaten sind
an der französischen Küste gelandet.
Sie kämpfen dort gegen die Deutschen.

Wird dieser elende Krieg jetzt
endlich aufhören?
Das wäre zu schön!
Vielleicht könnte ich dann im September
wieder zur Schule!
Und überhaupt: Unser Geld ist aus,
denn alles kostet so viel Geld.

Liebe Kitty,

mein nächster Geburtstag ist vorbei.
Ich bin jetzt 15.
Zum Geburtstag gab es viele Geschenke:
Bücher, Unterwäsche, Leckerbissen.
Und drei Scheiben Käse!
Von Peter habe ich
einen Blumenstrauß bekommen.

Ich denke viel nach über Peter.
Ich habe mich an ihm festgehalten.
Ich habe mit ihm über
ganz intime Gefühle geredet.
Das hätte ich nicht tun sollen.
Aber ich wollte so gerne einen Freund.

Und jetzt hält er an mir fest.
Er mag mich jeden Tag mehr.
Aber ich will ihn eigentlich wieder loslassen.

Die Invasion geht gut voran.
Das Wetter ist aber sehr schlecht.
Und das ist schlecht für die Engländer
und Amerikaner.
Aber sie kämpfen tapfer weiter
gegen die Deutschen.

Es gibt noch mehr gute Nachrichten.
Jemand hat versucht, Hitler zu ermorden!
Es war ein junger deutscher Offizier.
Aber Hitler ist leider nicht tot.

Liebe Kitty,

im Hinterhaus habe ich es
immer noch schwer.
Bin ich still und ernst?
Dann glauben alle, ich spiele Theater.
Dann lache ich einfach.
Und tue so, als wäre ich fröhlich.

Ich möchte so gerne anders sein.
Ich will so gerne zeigen,
dass ich auch ernst sein kann.
Dass ich noch eine andere, liebe Seite habe.
Und das könnte ich auch.
Wenn es keine anderen Menschen
auf der Welt gäbe.

Hier endet Annes Tagebuch.
Am 1. August 1944
schreibt sie ihren letzten
Brief an Kitty.

Was geschieht danach?

Am Freitag, den 4. August 1944,
hält ein Auto vor der Prinsengracht
Nummer 263.
Aus dem Auto steigen Polizisten.
Die Menschen im Hinterhaus
sind entdeckt worden.

Sie müssen alles Wertvolle
an die Polizisten abgeben.
Dann dürfen sie eine Tasche packen.
Alle werden mitgenommen.

Als alle weg sind,
gehen Miep und Bep ins Hinterhaus.
Der Boden liegt voller Papier.
Auch das Tagebuch von Anne ist dabei.
Und all ihre Notizbücher.
Miep versteckt die Sachen
in ihrem Schreibtisch im Büro.

Einige Tage später wird das Hinterhaus
leer geräumt.
Alles wird nach Deutschland gebracht.
Und an deutsche Familien verteilt.

▲ *Prinsengracht 263 in Amsterdam*

Was geschieht mit den Menschen aus dem Hinterhaus?

Alle aus dem Hinterhaus werden
in das Lager in Westerbork gebracht.
Dort werden sie schlecht behandelt.
Weil sie sich versteckt haben.
Juden, die sich selber gemeldet haben,
werden besser behandelt.
Anne, Margot und ihre Mutter müssen
in eine Baracke für Frauen.
Der Vater muss in eine Baracke für Männer.

Im Lager geht es ihnen schlecht.
Aber Anne ist nicht mehr so traurig.
Endlich ist sie wieder draußen.
Endlich sieht sie wieder andere Menschen.

Am 2. September 1944 kommen alle acht
Juden aus dem Hinterhaus auf eine Liste.

Sie werden am nächsten Tag
mit dem Zug weggebracht.
In das Lager Auschwitz.
Zusammen mit Hunderten anderen Juden.
Frauen, Männern und Kindern.

Der Vater von Anne, Herr van Pels, Peter
und Fritz Pfeffer kommen ins Männerlager.
Den Krieg überlebt nur einer von ihnen:
Otto Frank, der Vater von Anne.
Er wird am 27. Januar 1945
von russischen Soldaten befreit.

Die Frauen aus dem Hinterhaus
haben es schwer in Auschwitz.
Die Mutter von Anne stirbt
im Winter 1944/1945.

Anne und Margot werden davor schon in
ein anderes Lager gebracht: Bergen-Belsen.
Genau wie Frau van Pels, die später auf
einem Transport in ein anderes Lager stirbt.

In Bergen-Belsen ist es nicht besser
als in Auschwitz.
Sie bekommen sehr wenig zu essen.
Der Winter ist sehr kalt.
Und es gibt Flöhe und Läuse.
Sie übertragen Krankheiten.
Anne und Margot bekommen Flecktyphus.
Die Krankheit wird von Läusen übertragen.
Die Mädchen liegen den ganzen Tag im Bett
und zittern vor Kälte.
Sie haben keine warmen Kleider mehr.
Nur eine dünne Decke.
Im Februar 1945 stirbt Margot.
Kurz danach stirbt auch Anne.
Sie waren immer zusammen.
Bis zum Schluss.

Ein paar Wochen später wird Bergen-Belsen
von den Engländern befreit.
Am 15. April 1945.

Annes Tagebuch

Am 3. Juni 1945 kehrt Otto Frank
nach Amsterdam zurück.
Er weiß, dass seine Frau tot ist.
Aber er weiß nichts über seine Töchter.
Otto Frank besucht als Erstes
Miep und Jan Gies.
Aber sie wissen auch nicht,
was mit Anne und Margot passiert ist.

Otto Frank versucht, es herauszufinden.
Doch erst viel später erfährt er
mehr über seine Töchter.
Von zwei Schwestern,
die auch in Bergen-Belsen waren.
Sie erzählen ihm, wie krank Anne
und Margot zum Schluss waren.

Als Miep hört, dass Anne tot ist,
gibt sie Otto Frank das Tagebuch.

Er freut sich darüber,
aber das Lesen fällt ihm schwer.
Er kann immer nur ein bisschen lesen.
Dann muss er das Tagebuch weglegen.
Er ist sehr beeindruckt
von den Briefen an Kitty.

Otto Frank beschließt,
das Tagebuch zu veröffentlichen.
Weil Anne das selbst so wollte.

Aber es ist schwierig, einen Verlag zu finden.
Die Menschen wollen den Krieg vergessen.
Sie möchten nichts darüber lesen.
Erst zwei Jahre nach dem Krieg
erscheint das Tagebuch von Anne.
Es heißt: „Das Hinterhaus".
Diesen Titel hatte sich Anne
selbst ausgedacht.

Warum ist Annes Tagebuch so wichtig?

Anne Frank wurde weltberühmt.
Millionen Menschen haben
ihr Tagebuch gelesen.
Millionen Menschen auf der ganzen Welt.
Oft mit Tränen in den Augen.

Anne war ein ganz normales,
jüdisches Mädchen.
Sie hat nichts Schlechtes getan.
Trotzdem wurde sie
im Zweiten Weltkrieg ermordet.
Genau wie 1,5 Millionen andere
jüdische Kinder.
Die Menschen, die das Tagebuch lesen,
denken:
Wie kann etwas
so Furchtbares geschehen?

Der Vater von Anne bekam viele Briefe.
Vor allem junge Leser waren
von der Geschichte beeindruckt.
Otto Frank freute sich sehr über die Briefe.
Er hat sie alle beantwortet.

Er schrieb:
„Ich hoffe, dass das Tagebuch von Anne
in deinem späteren Leben nachwirkt.
Damit du dich für den Frieden in der Welt
einsetzt.“

Mehr wissen

Die Leser von „Das Hinterhaus“ fragen sich:
Wer hat die Menschen dort verraten?

Dazu wurde viel untersucht und geforscht.
Jahrelang.
Aber auf diese Frage gibt es bis heute
keine Antwort.

Otto Frank sagte irgendwann später dazu:
„Was passiert ist, kann man nicht
wieder gutmachen.
Es ist wichtiger, dass wir daraus
etwas lernen.“

Über Anne Frank und das Leben im
Hinterhaus gibt es eine Internetseite
vom Anne-Frank-Haus:
https://www.annefrank.org/de/

Die Verfolgung der Juden

Im Jahr 1933 kommen Adolf Hitler und seine nationalsozialistische Partei in Deutschland an die Macht.

Für Adolf Hitler und seine Anhänger sind die Juden minderwertige Menschen. Schon kurz nachdem Hitler an die Macht gekommen ist, gibt es neue Gesetze. Diese Gesetze machen das Leben für die Juden immer schwieriger. Viele Juden verlassen deshalb Deutschland.

Zu Anfang haben die Nationalsozialisten das Ziel, die Juden aus Deutschland zu vertreiben. Sie gehen dabei auch mit Gewalt gegen die Menschen vor. Im November 1938 veranstalten die Nazis die sogenannte Kristallnacht. Sie zerstören jüdische Gebetshäuser und jüdische Geschäfte. Sie überfallen und verhaften viele Juden.

Im September 1939 beginnt der Zweite Weltkrieg. Die Deutschen erobern weite Teile von Europa und besetzen viele Länder. Für die jüdische Bevölkerung wird es immer schwieriger, vor den Nazis zu fliehen. In Polen sperren die Nazis alle Juden in abgetrennten Vierteln in den Städten ein. Diese Viertel heißen Gettos.

Die Deutschen wollen die europäischen Juden zunächst umsiedeln, in Gebiete im Osten oder auf die Insel Madagaskar. Mit dem deutschen Überfall auf die Sowjetunion ändern sich die Pläne.

Im Januar 1942 beschließen die Nationalsozialisten, die Juden planmäßig zu ermorden. Sie errichten große Vernichtungslager. Dorthin werden die Juden in Güterzügen gebracht. In den Lagern herrschen entsetzliche Bedingungen. Wer nicht sofort ermordet wird, stirbt an Hunger, Krankheiten und durch die Last der Zwangsarbeit.

Die Nationalsozialisten ermordeten insgesamt über 6 Millionen Juden.
Dazu kommen noch andere Bevölkerungs-Gruppen wie Sinti und Roma, Menschen mit Behinderung und Homosexuelle.

Als die gegen Hitler verbündeten Soldaten die Lager befreiten, gab es nur wenige Überlebende.

In Deutschland und in den besetzten Ländern gab es viele Menschen, die mit den Nationalsozialisten zusammenarbeiteten.

Es gab aber auch mutige Helfer, die Juden versteckten oder ihnen bei der Flucht halfen. So wie die Helfer von den acht Menschen aus dem Hinterhaus.

Wörterliste

Seite 7: Verehrer
Mann oder Junge, der eine Frau oder ein Mädchen bewundert

Seite 8: untertauchen
sich an einem sicheren Ort verstecken, wo einen der Feind nicht finden kann

Seite 15: Krise
die Welt-Wirtschaftskrise begann im Jahr 1929 und dauerte mehrere Jahre. In dieser Zeit verloren viele Menschen ihr Vermögen. Die Arbeitslosigkeit war sehr hoch, viele Menschen waren arm. Die Not in Deutschland war einer von den Gründen für den Zuspruch zu den Nationalsozialisten.

Seite 20: Fräulein
frühere Anrede für unverheiratete Frauen

Seite 27: Maastricht
eine Stadt nahe an der Grenze

Seite 28: Prinsengracht
Auf Deutsch: Prinzengraben. In Amsterdam gibt es eine Reihe von Straßen an einem Kanal-System, den Grachten.

Seite 38: Radio Oranje
Während dem Zweiten Weltkrieg sendeten die Engländer Radio für Deutschland und die besetzten Länder in Europa. Dort erklärten sie die Lage aus ihrer Sicht. Denn im deutschen Radio wurde alles aus der Sicht von den Nationalsozialisten dargestellt. Es war verboten, die englischen Sender zu hören. Der Name „Radio Oranje" kommt von der Nationalfarbe von den Niederlanden, Orange (niederländisch: Oranje).

Seite 48: Algier
eine Stadt in Algerien

Seite 48: Casablanca
eine Stadt in Marokko

Seite 48: Oran
eine Hafenstadt in Algerien

Seite 49: Westerbork
Westerbork war im Zweiten Weltkrieg ein „Durchgangslager“ in den Niederlanden. Das heißt: Dort blieben die Menschen nur so lange, bis sie in ein anderes Lager gebracht wurden. Fast jeden Dienstag fuhr ein Zug in andere Lager. Insgesamt wurden so über 100.000 Menschen weggebracht. Nur 5.000 von ihnen überlebten.

Seite 50: vergasen
mit giftigem Gas töten

Seite 51: Steno
Kurzwort für Stenografie, eine Schrift mit besonderen Schriftzeichen. Man verwendet

Steno, um schnell aufzuschreiben, was jemand sagt. Steno wird heute nicht mehr gebraucht.

Seite 64: Kunst-Geschichte
Studium über die Geschichte und Bedeutung der Kunst und über die Künstler.

Seite 67: Gulden
So hieß früher das Geld in den Niederlanden.

Seite 97: D-Day
Bezeichnung für den 6. Juni 1944. An diesem Tag landeten Engländer, Amerikaner und Soldaten aus weiteren Ländern an der französischen Küste, in der Normandie. Sie kämpften gegen die deutschen Soldaten. So begann die Befreiung von Westeuropa von den Nationalsozialisten.

Seite 97: Invasion
feindlicher Einfall in ein fremdes Gebiet.

Die größte Invasion im Zweiten Weltkrieg war der D-Day (siehe dort).

Seite 104: Baracke
ein Gebäude aus Holz in einem Lager

Seite 105: Auschwitz
Ein großes Konzentrationslager in Polen. Im Zweiten Weltkrieg wurden 1,3 Millionen Menschen dorthin gebracht. Etwa 1,1 Millionen von ihnen sind dort umgekommen. Viele wurden vergast.

Seite 105: Bergen-Belsen
ein Lager im heutigen Niedersachsen

Seite 106: Flecktyphus
Durch Läuse übertragene Krankheit mit Fieber und Hautausschlag. Ohne Behandlung ist die Krankheit oft tödlich.